BEI GRIN MACHT SICH IHR WISSEN BEZAHLT

- Wir veröffentlichen Ihre Hausarbeit,
  Bachelor- und Masterarbeit

- Ihr eigenes eBook und Buch -
  weltweit in allen wichtigen Shops

- Verdienen Sie an jedem Verkauf

Jetzt bei www.GRIN.com hochladen und kostenlos publizieren

Bibliografische Information der Deutschen Nationalbibliothek:

Die Deutsche Bibliothek verzeichnet diese Publikation in der Deutschen National-bibliografie; detaillierte bibliografische Daten sind im Internet über http://dnb.d-nb.de/ abrufbar.

Impressum:

Copyright © 2017 GRIN Verlag
Druck und Bindung: Books on Demand GmbH, Norderstedt Germany
ISBN: 9783668945197

Dieses Buch bei GRIN:

https://www.grin.com/document/470296

Matthias Müller

Das Management Canvas im Rahmen der strategischen Unternehmensplanung

GRIN Verlag

GRIN - Your knowledge has value

Der GRIN Verlag publiziert seit 1998 wissenschaftliche Arbeiten von Studenten, Hochschullehrern und anderen Akademikern als eBook und gedrucktes Buch. Die Verlagswebsite www.grin.com ist die ideale Plattform zur Veröffentlichung von Hausarbeiten, Abschlussarbeiten, wissenschaftlichen Aufsätzen, Dissertationen und Fachbüchern.

Besuchen Sie uns im Internet:

http://www.grin.com/

http://www.facebook.com/grincom

http://www.twitter.com/grin_com

Einsendeaufgabe

für den Master-Studiengang
Management und Leadership (M.A.)

an der

SRH Hochschule Heidelberg

- Intelligence in Learning -

im Fach:

Theoriegeleitetes Arbeiten im Management

Thema:

Management Canvas

vorgelegt von:

Matthias Müller

Inhaltsverzeichnis

I. Abkürzungsverzeichnis

Aufl.	Auflage
bspw.	beispielsweise
bzw.	beziehungsweise
bzgl.	bezüglich
etc.	et cetera
Hrsg.	Herausgeber
KMU	kleine und mittelgroße Unternehmen
o.Ä.	oder Ähnliche(s)
s.g.	so genannte
usw.	und so weiter
v.a.	vor allem
vgl.	vergleiche
z.B.	zum Beispiel

II. Fachwörterverzeichnis

SWOT-Analyse:

Die Buchstaben stehen für die englischen Begriffe; Threats (Gefahren), Opportunities (Chancen bzw. Gelegenheiten), Weaknesses (Schwächen), Strengths (Stärken).

„Die Stärken-Schwächen-Chanchen-Risiken-Analyse stellt eine Positionierungsanalyse der eigenen Aktivitäten gegenüber dem Wettbewerb dar. In dem ihr zugrunde liegenden Arbeitsverfahren, werden die Ergebnisse der externen Unternehmens-Umfeld-Analyse in Form eines Chancen-Risiken-Katalogs zunächst zusammengestellt und dem Stärken-Schwächen-Profil der internen Unternehmensanalyse gegenübergestellt." (Springer Gabler Verlag, 2017)

III. Abbildungsverzeichnis

1. Executive Summary

Abbildung 1: Das Management Canvas

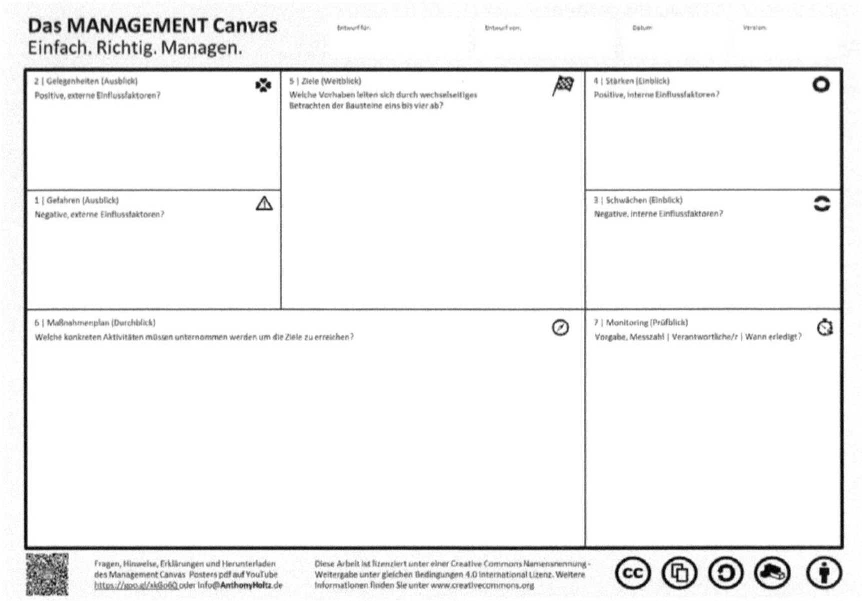

Das MANAGEMENT Canvas
Einfach. Richtig. Managen.

2 | Gelegenheiten (Ausblick)
Positive, externe Einflussfaktoren?

5 | Ziele (Weitblick)
Welche Vorhaben leiten sich durch wechselseitiges
Betrachten der Bausteine eins bis vier ab?

4 | Stärken (Einblick)
Positive, interne Einflussfaktoren?

1 | Gefahren (Ausblick)
Negative, externe Einflussfaktoren?

3 | Schwächen (Einblick)
Negative, interne Einflussfaktoren?

6 | Maßnahmenplan (Durchblick)
Welche konkreten Aktivitäten müssen unternommen werden um die Ziele zu erreichen?

7 | Monitoring (Prüfblick)
Vorgabe, Messzahl | Verantwortliche/r | Wann erledigt?

Fragen, Hinweise, Erklärungen und Herunterladen des Management Canvas Posters pdf auf YouTube https://goo.gl/xk6o6Q oder info@AnthonyHoltz.de

Diese Arbeit ist lizenziert unter einer Creative Commons Namensnennung - Weitergabe unter gleichen Bedingungen 4.0 International Lizenz. Weitere Informationen finden Sie unter www.creativecommons.org

Quelle: Holtz et al., 2017, Kindle-Pos. 2

Jeder Unternehmer muss sich mit der strategischen Planung seines Unternehmens auseinandersetzen. Besonders Gründer benötigen einen roten Faden, um sich über ihre Ziele klar zu werden und die richtigen Wege zu diesen zu finden. Eine gute Möglichkeit zur Umsetzung eines strategischen Geschäftsplans bietet das Management Canvas von Anthony Holtz.

Dieser All-In-One-Werkzeugkasten dient zur Veranschaulichung des Management-Prozesses sowie der strategischen Planung eines Unternehmens und das auch ohne besondere Wirtschafts- oder Management-Kenntnisse. Das Management Canvas bedient sich dabei bereits etablierter Management-Modelle und stellt diese in einer übersichtlichen Leinwand mit sieben Bausteinen zusammen.

Das erste Werkzeug des Management Canvas stellt eine umgekehrte SWOT-Analyse dar. Diese TOWS-Analyse betrachtet dabei die ersten vier Bausteine des

Modells - die Gelegenheiten und Gefahren (äußere Faktoren) sowie die Stärken und Schwächen (innere Faktoren) eines Unternehmens.

Aufbauend auf dieser Analyse werden im fünften Baustein des Modells Visionen, Oberziele und Meilensteine festgelegt.

Anschließend richtet man den Blick von der strategischen Planung hin zur Umsetzung. Im sechsten Baustein werden daher die notwendigen Maßnahmen zur Realisierung der zuvor gesteckten Ziele bestimmt.

Den letzten Baustein stellt das Monitoring dar, bei dem die Maßnahmen konkretisiert, datiert, den Verantwortlichen übertragen und anschließend überwacht werden.

Wichtig ist es zu beachten, dass das Management Canvas einen Prozess darstellt, weshalb an dieser Leinwand auch immer weitergearbeitet werden kann, um das große Ganze nicht aus den Augen zu verlieren. Außerdem sollte das Modell möglichst in Zusammenarbeit mit anderen Personen, Mitarbeitern etc. bearbeitet werden. Dies sorgt für viel kreativen Input und immer neue Betrachtungsweisen.

Aufgrund intensiver Auseinandersetzung mit diesem Modell kann ich bestätigen, dass sich das Management Canvas dazu eignet den Markt, das eigene Unternehmen, gesteckte Ziele, notwendige Maßnahmen sowie die Kontroller dieser Maßnahmen im Blick zu haben.

„Deshalb ist meine persönliche Empfehlung, dass Sie so früh wie möglich damit beginnen, Ihren Kopf zu entlasten. Dadurch werden Sie offen für neue Überlegungen und sind frei von unendlichen Gedanken, die Sie sonst rund um die Uhr im Kopf mit sich herumtragen. Andernfalls sinkt die Effizienz allein dadurch, dass Sie dauerhaft damit beschäftigen sind, sich an Dinge erinnern zu müssen." (Holtz et al., 2017, Kindle-Pos. 72)

2. Einleitung

„9 von 10 Firmen scheitern. Die meisten Organisationen verhungern nicht – sie ertrinken" (Management Canvas, 2017, S. 4).

Dieses Zitat beschreibt eine große Problemstellung von Unternehmern und Unternehmensgründern. Besonders unerfahren Gründer versinken häufig in den alltäglichen, operativen Tätigkeiten, da eine gesunde Grundstruktur fehlt, an der sie sich orientieren können. Gerade während der Gründungsphase eröffnen sich beinahe täglich neue „Baustellen" innerhalb der Unternehmung. Dies führt häufig dazu, dass der Gründer sprichwörtlich den Wald vor lauter Bäumen nicht mehr sieht.

Um dieses Risiko bestmöglichst auszuschließen, hat Anthony Holtz in Zusammenarbeit mit einigen weiteren Lead-Autoren das Management Canvas entwickelt. Das Autoren-Team bestand dabei aus Experten aus der Theorie und Praxis, wie zum Beispiel langjährige Unternehmer und Manager, erfolgreiche Fach- und Führungskräfte sowie Dozenten für Unternehmensführung (vgl. Management Canvas, 2017, S. 7).

Unternehmer müssen sich zwangsweise mit der strategischen Entwicklung ihres Geschäfts auseinandersetzen. Besonders im Bereich der Unternehmensgründung ist häufig der Businessplan der erste Weg, um sich über die unternehmenseigenen Ziele und den Wegen zu diesen klar zu werden. Eine inzwischen sehr verbreitete visuelle Ergänzung zum Businessplan stellt das sogenannte Business Model Canvas dar, welches ebenso wie das Management Canvas versucht, Kernfragen auf einer übersichtlichen Leinwand zu veranschaulichen.

Das in dieser Hausarbeit näher betrachtete Management Canvas versucht hier noch einen Schritt weiter zu gehen und als eine Art All-in-One-Werkzeug für die strategische Planung eines Unternehmens aufzutreten. Mithilfe dieses Tools soll der Unternehmer auf visuelle Art gleichzeitig den Markt, das Unternehmen, die Ziele, Maßnahmen sowie die Kontroller dieser Maßnahmen überblicken können (vgl. Holtz, 2017).

Inwiefern das Modell diesem Anspruch gerecht werden kann, möchte ich im Verlauf dieser Arbeit herausfinden.

Aufgrund der Aktualität des Modells, möchte ich darauf verweisen, dass zum aktuellen Zeitpunkt sehr wenig bzw. nur von den Autoren selbsterstellte Literatur auffindbar ist. Somit scheint diese Ausarbeitung neben einer ersten schriftlichen externen Betrachtungsweise zum Thema, auch eine erste wissenschaftliche Darstellung des neuentstandenen Modells zu sein.

2.1. Aufbau der Arbeit

Diese Arbeit gliedert sich im Folgenden in drei Sinnabschnitte:

Abbildung 2: Aufbau der Arbeit

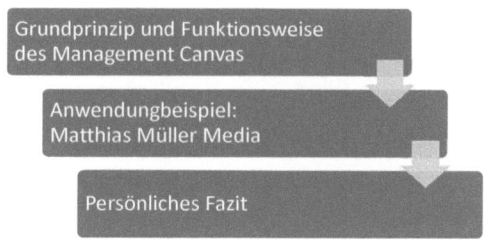

Quelle: *Eigene Darstellung*

Zu Beginn werden die Grundlagen sowie das Grundprinzip hinter dem Management Canvas Modell vorgestellt. Dieser erste Abschnitt beinhaltet darüber hinaus den genauen Aufbau inklusive Erläuterung der Funktionsweise sowie einen beispielhaften Fragenkatalog zu den einzelnen Bausteinen des Modells. Dieser Fragenkatalog führt einige beispielhafte Fragen an, die sich der Anwender im Rahmen der Modellanwendung stellen sollte. Dieser Fragenkatalog soll dem Leser zum besseren Verständnis dienen und zusätzlich eine mögliche direkte Anwendung des Modells erleichtern.

Im nächsten Schritt wird ein Anwendungsbeispiel für die Nutzung des Management Canvas angeführt, welches dem vereinfachten Verständnis der zuvor erläuterten Theorie dienen soll. Das gewählte Beispiel greift dabei meine persönliche Medien-Agentur-Gründung auf, wodurch sie mir einen persönlichen, direkten Mehrwert bietet und dem Leser eine sehr praxisorientierte Anwendung garantiert.

Den Abschluss dieser Arbeit bildet ein kritisches Fazit. Hier werden, auf Grundlage der zuvor erarbeiteten Inhalte und der intensiven Auseinandersetzung mit der

Thematik, Vorteile, aber auch eventuelle Grenzen des Management Canvas aufgezeigt und geprüft, ob dieses Modell tatsächlich als All-In-One-Werkzeugkasten für die strategische Planung eines Unternehmens dienen kann.

3. Grundprinzip des Management Canvas

Viele Unternehmer betrachten die Abläufe ihrer Betriebsprozesse sowie die strategische Ausrichtung des eigenen Unternehmens als eine Art intuitiven Selbstläufer. Besonders Inhaber von kleinen bzw. sehr jungen Unternehmen steuern ihr Business daher häufig aus dem Bauch heraus. Doch mit wachsender Unternehmensgröße werden die Prozesse ebenso wie die Ansprüche an den Unternehmer immer komplexer. Kaum jemand ist wohl in der Lage, diese anspruchsvollen Situationen ohne Hilfsmittel zu steuern.

Das Management Canvas soll hier den All-in-One Werkzeugkasten darstellen und helfen die wichtigsten Größen des Unternehmens auf einen Blick betrachten zu können. Denn nur der, der seine Gedanken niederschreibt, macht seinen Kopf frei für neue Gedanken. Der Unternehmer, der nur damit beschäftigt ist seine Gedanken und Erinnerungen zu sortieren, verliert an Effizienz und wird Schwierigkeiten haben, sein Unternehmen erfolgreich zu führen (vgl. Holtz et al., 2017, Kindle-Pos. 72 ff.).

Anthony Holtz, der Entwickler des Management Canvas, verfolgt dabei gemeinsam mit seinen Leadautoren eine klare Vision für ihr Management Modell:

> *„Wir zeigen Menschen, wie sie ihr Unternehmen und sich selbst besser führen. Unsere Leinwand inspiriert. Mit ihr finden Menschen die richtigen Ziele und Wege. Sie wachsen und bleiben auf dem richtigen Kurs. Sie tun, was sie lieben und lieben, was sie tun. Das verbessert ihr Leben und ihre Umgebung. So verändern wir gemeinsam die Welt!"* (managementcanvas.de, 2017)

3.1. Aufbau und Funktionsweise des Management Canvas

Das Management Canvas ist als Leinwand aufgebaut, wodurch die Übersichtlichkeit sowie die Kreativität während der Arbeit mit dem Modell erhöht werden soll. Das Management Canvas besteht grundsätzlich aus vier Werkzeugen - der Analyse, der Zielvereinbarung, einem Maßnahmenplan und dem Monitoring.

Diese vier Werkzeuge werden nochmals in sieben Einzelbausteine unterteilt. Hierbei wird insbesondere das erste Werkzeug, die Analyse, durch eine umgedrehte SWOT-Analyse in vier Einzelbausteine untergliedert. Dies dient dazu, das Marktumfeld aber auch das Unternehmen selbst besser zu verstehen. Diese TOWS-Analyse wird im weiteren Verlauf des Management Canvas durch die drei zuvor genannten Bausteine (Zielvereinbarung, Maßnahmenplan und Monitoring) ergänzt.

Innerhalb dieser Bausteine können für eine möglichst genaue Betrachtungsweise weitere, bereits etablierte Analyse-Tools, wie beispielsweise eine P.E.S.T.E.L.-Analyse, Porters Five Forces oder die Sieben-P des Marketings, herangezogen werden. Da die Erläuterung aller nutzbaren Tools jedoch den Rahmen der hier vorliegenden Ausarbeitung überschreiten würde, stellen diese weiterführenden Tools keinen Bestandteil dieser Arbeit dar.

Insgesamt stellt das Management Canvas ein strategisches Management Tool dar, mit dessen Hilfe der Anwender analysiert, Ziele definiert und deren Umsetzung und Kontrolle sicherstellen kann (vgl. Holtz, 2017).

Abbildung 3: Das Management Canvas

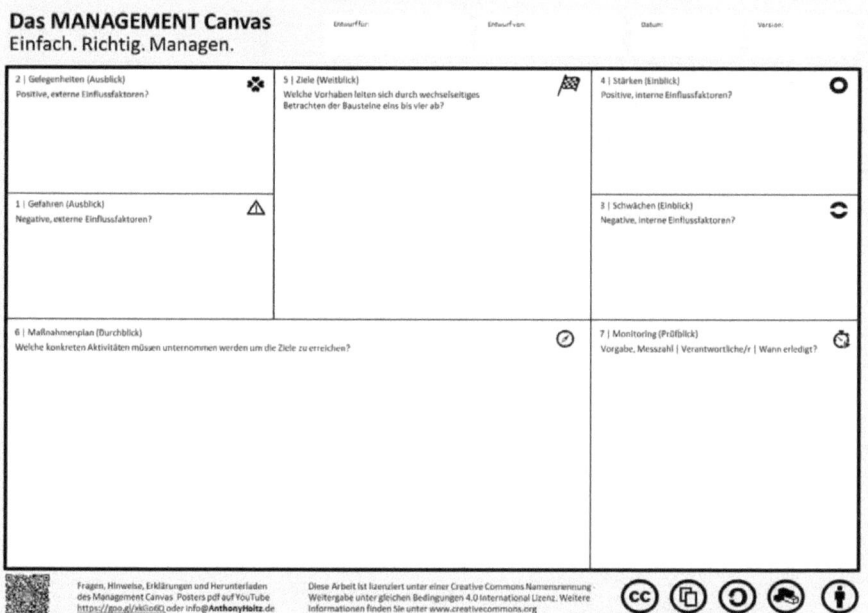

Quelle: Holtz et al., 2017, Kindle-Pos. 2

Für die Anwendung des Modells ist es essentiell die einzelnen Schritte der Reihe nach abzuarbeiten. Erst wenn der Analyse-Teil abgeschlossen ist werden Zielvereinbarungen getroffen, auf welche dann ein entsprechender Maßnahmenplan mit anschließendem Monitoring folgt. Diesen Ablauf versuchen die Autoren mithilfe eines farbigen Ampelsystems innerhalb des Modells zu veranschaulichen, bei dem der Anwender sich von Rot nach Grün durcharbeitet:

Abbildung 4: Management Canvas Funktionsweise

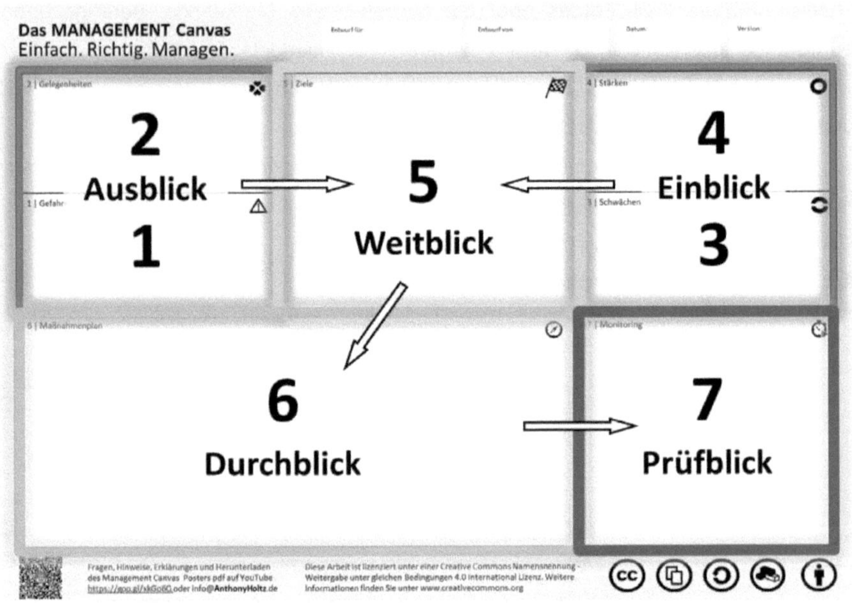

Quelle: Holtz et al., 2017, Kindle-Pos. 320

3.1.1. Schritt 1 und 2: Ausblick – Gelegenheiten und Gefahren

Im Gegensatz zur „normalen" SWOT-Analyse nutzt das Management Canvas eine gespiegelte SWOT-Analyse, also eine TOWS-Analyse.

Diese Vorgehensweise stellt sicher, dass der Anwender zuerst einen „Ausblick" auf externe Einflussfaktoren erhält, bevor er sich mit den internen Einflussfaktoren beschäftigt, um einen „Einblick" zu erhalten.

Daher werden innerhalb der ersten beiden Schritte ausschließlich die äußeren Einflussfaktoren betrachtet, denn um ein Unternehmen erfolgreich zu führen, ist es zwingend erforderlich, zuerst dessen Umfeld zu verstehen und sich mit den eigenen Stärken und Schwächen bestmöglich an die externen Rahmenbedingungen anzupassen – nicht die Stärksten überleben, sondern jene, die sich am besten anpassen können (vgl. Charles Darwin, 1809).

Bei der Bearbeitung der ersten beiden Schritte ist es wichtig zu beachten, dass diese parallel zueinander bearbeitet werden. Das bedeutet, dass zuerst eine Makro-Analyse durchgeführt wird und die Erkenntnisse aus dieser Analyse entweder den „Gelegenheiten" oder den „Gefahren" zugeordnet werden.

Im Rahmen dieser Makro-Analyse sollte der Anwender sich überlegen, welche äußeren Einflussfaktoren auf sein Unternehmen wirken, welche Gelegenheiten, bzw. Chance sich anbieten und welche Gefahren oder Bedrohungen bestehen.

Bei diesen externen Einflussfaktoren handelt es sich meist um Marktgegebenheiten, die man selbst nicht oder nur im geringen Maße beeinflussen kann (vgl. Holtz et al., 2017, Kindle-Pos. 329 ff.).

Grundsätzlich sollte damit begonnen werden, die generellen Einflussfaktoren aufzuführen, welche für alle Marktteilnehmer gleichermaßen zutreffen. Darauf aufbauend, sollte der Anwender sich die Frage nach den bestehenden und eventuell künftigen Bedürfnissen seiner Kunden stellen. Auch die Lieferanten- und allgemeine Wettbewerbssituation sollte in diesen ersten beiden Schritten auf den Prüfstand gestellt werden (vgl. Holtz et al., 2017, Kindle-Pos. 336 ff.).

Im Rahmen dieser ersten beiden Bausteinen ist es auch möglich, und unter Umständen sogar empfehlenswert, weitere Analyse-Tool, wie beispielsweise eine P.E.S.T.E.L.-Analyse oder Porters Five Forces zur Anwendung zu bringen. Auf diese Weise kann ein noch genauerer Blickwinkel auf die externen Einflussfaktoren gewonnen werden.

Beispielhafter Fragenkatalog zur Bestimmung externer Einflussfaktoren:

- Wie ist die gesamtwirtschaftliche Situation zu bewerten?
- Welche (Mega-)Trends sind kurz-, mittel- und langfristig zu erwarten?
- Wie entwickeln sich aufgrund dieser Trends die Bedürfnisse der bestehenden und zukünftigen Kunden?
- Welche Anforderungen entstehen an mein Unternehmen?
- Welche politischen, wirtschaftlichen, sozialen, technologischen, ökologischen und rechtlichen Einflussfaktoren bestehen in meinem Unternehmensumfeld? (P.E.S.T.E.L.-Analyse)
- Welche Macht besitzen meine Lieferanten und Kunden?
- Welche Branchenentwicklung ist zu erwarten?
- Wie intensiv ist der Wettbewerb in meiner Branche?
- Was mache ich gut, besser, schlechter oder grundsätzlich anders als meine Wettbewerber?
- Sind meine Leistungen ersetzbar?

(vgl. Holtz et al., 2017, Kindle-Pos. 336 ff.)

3.1.2.   Schritt 3 und 4: Einblick – Stärken und Schwächen

In Schritt 3 und 4 des Management Canvas, wird der Blick nach innen gerichtet. Bevor also auf die Erkenntnisse der vorherigen beiden Bausteine reagiert wird, sollte der Anwender sich darüber bewusst werden, wo die Stärken und Schwächen seines Unternehmens liegen. Erst nachdem er sich über diese Eigenschaften klar geworden ist, kann er sicher sein, ob, womit und wie sich das Unternehmen an die äußeren Gegebenheiten anpassen will, soll, und kann.

Auch diese beiden Bausteine werden wieder parallel zueinander bearbeitet und die letztlichen Erkenntnisse den Stärken oder Schwächen zugeordnet (vgl. Holtz et al., 2017, Kindle-Pos. 356 - 362).

Innerhalb dieser beiden Schritte sollten die eigenen Stärken und Schwächen aus möglichst vielen Bereichen untersucht werden. Diese können vom Verhältnis zu Geschäftspartnern über die Qualifizierung der Mitarbeiter bis hin zur allgemeinen Unternehmensstruktur reichen.

Beispielhafter Fragenkatalog zur Bestimmung der internen Stärken und Schwächen:

- Worin sind wir gut, besser, schlechter oder grundsätzlich anders als die Wettbewerber?
- Wie stark ist die Verbundenheit zu Geschäftspartnern, Lieferanten und Kunden?
- Was macht meine Produkte/Dienstleistungen aus?
- Was ist mein Alleinstellungsmerkmal (USP)?
- Wie gut sind meine Mitarbeiter qualifiziert?
- Wie laufen grundsätzliche Prozesse?
- Wie gut ist das Management?
- Wie beurteile ich die Struktur des Unternehmens?
- Ist jedem, z.B. Mitarbeiter, die Vision und das Leitbild des Unternehmens bekannt?
- Wie sind die Unternehmenskultur und -werte zu beurteilen?

(vgl. Holtz et al., 2017, Kindle-Pos. 362 - 368)

3.1.3.   Schritt 5: Weitblick - Ziele

Schritt fünf des Management Canvas stellt den kreativen Teil der Methode dar. Anhand der vorherigen Überlegungen wurde eine sichere Basis geschaffen, auf deren Grundlage nun Ziele definiert werden können. Hierbei kann der Anwender seiner Kreativität freien Lauf lassen und seine Gedanken individuell zusammentragen.

Um Ziele zu definieren, empfiehlt es sich, den zuvor erstellten Aus- und Einblick wechselseitig gegenüber zu stellen. Hierbei geht es vorrangig darum, individuelle Handlungsoptionen herauszufiltern, mit denen sich der Anwender, bzw. dessen Unternehmen möglichst optimal an die äußeren Marktbedingungen anpassen kann (vgl. Holtz et al., 2017, Kindle-Pos. 380 - 388).

Holtz et al. schreibt in seinem Buch zu diesem Schritt des Management Canvas außerdem: „Sowohl die Anpassungsfähigkeit als auch die Geschwindigkeit entscheiden über Ihren Erfolg. Entweder Sie gehen mit der Zeit oder Sie gehen mit der Zeit." (Holtz et al., 2017, Kindle-Pos. 388).

In diesem Schritt ist es daher äußerst wichtig, dass der Anwender sich auf die wichtigsten Absichten konzentriert und nicht in Details verliert. Denn jedes zusätzliche Ziel steigert die Anzahl der damit verbundenen Maßnahmen und den Umfang der späteren Kontrolle.

Sollte beispielsweise noch keine Vision oder ein Leitbild festgelegt worden sein, kann dieses sowie weitere notwendige Oberziele hier definiert werden. Die gesetzten Oberziele können anschließend in weitere Unterziele, Meilensteine o.ä. unterteilt werden (vgl. Holtz et al., 2017, Kindle-Pos. 388 - 404).

Beispielhafter Fragenkatalog zur Zielbestimmung:

- Welche Vor- und Nachteile ergeben sich aus den vorhanden Stärken und Schwächen?
- Welche Schwächen lassen sich in Stärken umwandeln?
- Welche Stärken sollten wir weiter ausbauen?
- Welche Risiken könnten auch Chancen oder Gelegenheiten sein?
- Was muss ich, meine Mitarbeiter und mein Unternehmen tun, um langfristig erfolgreich zu bleiben?
- Was ist die Unternehmensvision bzw. das Leitbild?
- Welche Oberziele *müssen* wir erreichen, um erfolgreich zu sein?
- Welche Unterziele/Meilensteine müssen erreicht werden, um die Oberziele zu realisieren?

(vgl. Holtz et al., 2017, Kindle-Pos. 388)

3.1.4.   Schritt 6: Durchblick - Maßnahmenplan

Sind die richtigen Ziele exakt bestimmt, leitet der Anwender anhand eines Maßnahmenplans die notwendigen Schritte ab. Um den richtigen Weg zur Zielerreichung festlegen und einen dauerhaften Durchblick erhalten zu können, ist es in diesem Schritt essentiell den Blick weg vom zuvor notwendigen strategischen Denken auf das tatsächliche Handeln und Umsetzen zu richten (vgl. Holtz et al., 2017, Kindle-Pos. 414 - 421).

Wie auch bei den vorherigen Schritten sollte der Anwender seinen Gedanken hier zunächst freien Lauf lassen und alle Möglichkeiten zur Zielerreichung festhalten. Je mehr Möglichkeiten, desto besser werden die letztlichen Entscheidungen.

Sind erstmal alle Möglichkeiten zusammengetragen, sollte der Anwender die wichtigsten Hauptschritte zur Erreichung der zuvor herausgearbeiteten Ziele festlegen. Auch hier sollte sich auf die wesentlichen Möglichkeiten fokussiert und sich nicht in detaillierten Ausführungen verloren werden.

Da es sich hierbei um einen dauerhaften Prozess handelt, empfiehlt es sich, dass dieser Schritt immer wieder herangezogen, überprüft und überarbeitet wird (vgl. Holtz et al., 2017, Kindle-Pos. 421 - 429).

Beispielhafter Fragenkatalog zur Festlegung der notwendigen Maßnahmen:
- Was muss unternommen werden, um die gesetzten Ziele sicher zu erreichen?
- Welche Dinge bzw. Schritte müssen dafür erledigt werden?
- Welche Aufgaben sind *wirklich* notwendig?
- Wie können die diese Aufgaben umgesetzt werden?
- Spielen zeitliche Aspekte eine Rolle in meinem Maßnahmenplan?
- Welche Fragen sind noch offen?
- Welche weiteren Informationen sind zur Maßnahmenumsetzung notwendig?

(vgl. Holtz et al., 2017, Kindle-Pos. 421)

3.1.5.   Schritt 7: Prüfblick - Monitoring

Mithilfe der vorigen Bausteine wurden wichtige Ziele auf einem stabilen Fundament aus Außeneinflüssen und den eigenen Stärken und Schwächen bestimmt sowie die notwendigen Schritte zur Zielerreichen festgelegt. In diesem letzten Schritt soll das Management System vervollständigt werden, indem das richtige Maß gewählt wird, mit dem Fortschritte gezielt gemessen werden können.

Ziel dieses Bausteins ist es, einen laufenden Soll-Ist-Vergleich zu schaffen, an dem der Anwender sich orientieren und den Fortschritt messen kann – denn nur was gemessen werden kann, lässt sich auch steuern (vgl. Holtz et al., 2017, Kindle-Pos. 437 - 443).

Diesen letzten Schritt sollte der Anwender möglichst in drei Hauptpunkte untergliedern. Zum Einen müssen hier passende Kenngrößen mit entsprechenden Vorgaben festgelegt werden. Des Weiteren sollten Verantwortliche für einzelne Aufgaben bestimmt werden und den dritten Hauptpunkt stellt die Festlegung von Deadlines, also den Zeitpunkten, bis einzelne Aufgaben, Maßnahmen etc. abgeschlossen sein sollen, dar.

Dieser Baustein sollte ausgiebig mit den Verantwortlichen und Betroffenen besprochen werden, damit diese sich stärker mit dem Ergebnis identifizieren können und die Eigenverantwortung der einzelnen Personen steigt (vgl. Holtz et al., 2017, Kindle-Pos. 443 - 452).

Beispielhafter Fragenkatalog zur Prüfung der Zielerreichung:
- Kenngröße mit Vorgabe:
  - Mit welcher Kennzahl lassen sich Fortschritte der geplanten Maßnahmen messen?
  - Wie hoch ist die Soll-Vorgabe?
  - Wie viel soll von was erreicht werden?
  - Beispiel: Wie hoch soll der Ertrag sein?
  - Beispiel: Wie viele Neukunden sollen gewonnen werden?
- Verantwortliche:
  - Wer ist für welche Aufgabe verantwortlich?
  - Wer übernimmt die Umsetzung und Kontrolle?
  - Wer besitzt das notwendige Humankapital und die Kompetenz zur Umsetzung der Aufgabe?
- Deadline:
  - Bis wann sollen einzelne Aufgaben abgeschlossen sein?
  - Bis wann *müssen* einzelne Aufgaben abgeschlossen sein, um weitere Maßnahmen ergreifen zu können?

(vgl. Holtz et al., 2017, Kindle-Pos. 443 - 452)

4. Praxisbeispiel des Management Canvas

Das folgende Praxisbeispiel beschreibt die Anwendung des Management Canvas auf die IST-Situation meiner Start-Up-Medien-Agentur „Matthias Müller Media" und soll zur Veranschaulichung der zuvor erläuterten Theorie dienen. Die ausgefüllte Leinwand des Management Canvas in Bezug auf Matthias Müller Media findet sich im Anhang.

Ausgangssituation:

Zum aktuellen Zeitpunkt bin ich neben meinem Studium selbstständig mit einer jungen Medien- bzw. Werbeagentur namens „Matthias Müller Media".

Dabei habe ich mich auf die Medien- und Marketingberatung sowie die direkte Umsetzung dieser Medien spezialisiert. D.h. ich biete meinen Kunden die Beratung und die Umsetzung medialer Kampagnen aus einer Hand. Im Rahmen der Umsetzung erstelle ich Werbe- und Imagefilme und übernehme die Produktion von Printprodukten vom ersten Entwurf bis zur Fertigstellung.

Dabei greife ich auf ein Netzwerk verschiedener ausgewählter Partner zurück, wenn es beispielweise um den Druck von Flyern, Plakaten oder auch Visitenkarten geht.

In meiner Region, dem Westerwald, bin ich durch verschiedene erfolgreiche Kundenprojekte inzwischen sehr bekannt.

In letzter Zeit häufen sich die Anfragen nach eigenen Internetseiten. Aufgrund der hohen Nachfrage habe ich beschlossen, in Zukunft zusätzlich die Entwicklung von Webseiten anzubieten, um meinen Kunden die Leistungen einer Full-Service-Werbeagentur bieten zu können.

4.1.   Schritt 1 und 2: Ausblick – Gelegenheiten und Gefahren

Gelegenheiten:

Meine Kunden sind meist Privatpersonen sowie kleine und mittelgroße Unternehmen (KMUs) aus dem näheren Umkreis. Insgesamt ist bei dieser Kundengruppe eine hohe Nachfrage nach Webseiten zu verzeichnen. Zum Teil sind bereits erste Internetseiten vorhanden, teilweise jedoch auch nicht. Dies liegt wohl daran, dass noch nicht jeder das Potential hinter einem professionellen Internetauftritt erkannt hat. Die Nachfrage nach Marketing- und Medienprodukte wächst zum aktuellen

Zeitpunkt nicht nur regional, sondern auch international. Ohne einen entsprechenden (digitalen) Außenauftritt, ist es für die meisten KMUs inzwischen kaum noch möglich auch in Zukunft zu bestehen.

Gefahren:

Da vor allem häufig kleine und mittelgroße Unternehmen das Potential hinter einem professionellen Internetauftritt noch nicht erkannt haben, sind diese meist nicht bereit für eine eigene Website Geld auszugeben. Außerdem wird der Aufwand hinter einer hochwertigen Website häufig unterschätzt, weshalb manche Kunden annehmen, eine Website sei innerhalb eines Tages und für wenig Geld zu erstellen.

Inzwischen existieren viele unseriöse „Ein-Mann-Agenturen", mit denen potentielle Kunden bereits schlechte Erfahrungen gemacht haben. Des Weiteren bieten viele große Unternehmen „Baukästen" an, mit welchen man seine Internetseite selbst erstellen kann.

4.2.   Schritt 3 und 4: Einblick – Stärken und Schwächen

Stärken:

Es besteht bereits ein kleiner Kundenstamm aus Privatpersonen sowie kleinen und mittelgroßen Unternehmen aus der Region. Dieser Kundenstamm vertraut auf meine Beratung und die unkomplizierte Umsetzung auch eiliger oder ungewöhnlicher Aufträge. Innerhalb der Region bin ich sehr gut vernetzt. Auf dieses Netzwerk kann ich bei der Suche nach geeigneten Mitarbeitern oder externen Partnern zurückgreifen. Häufig arbeite ich mit regionalen Anbietern (Druckerei, Videoproduzenten, etc.) zusammen und bevorzuge diese, auch wenn die Preise im Internet meist günstiger sind. Dadurch verweisen diese Anbieter jedoch wieder auf mich, wenn es um die Beratung und Erstellung von medialen Auftritten geht.

Ich kann auf entsprechende finanzielle Mittel zurückgreifen, um die Agentur zu erweitern. Außerdem habe ich das nötige unternehmerische Know-How und weiß, wie man ein Unternehmen aufbaut.

Schwächen:

Ich bin kein Experte, was das Erstellen von Internetseiten angeht, wodurch mir das spezifische Know-How in diesem Bereich fehlt. Daher habe ich auch noch keine Vorstellung, was genau das Angebotsportfolio (z.B. Hosting, SEO/SEM, etc.) umfassen wird und wie die Preisgestaltung in dieser Branche allgemein aussieht.

Aufgrund meiner Haupttätigkeit als Student ist der Zeitrahmen für neue Projekte sehr begrenzt. Daher bin ich mir bewusst darüber, dass die Erweiterung meiner Angebotspalette nur dann zu schaffen ist, wenn ich andere Dienstleistungen kürze (was nicht mein Ziel ist) oder die Webseitenerstellung auslagern kann.

4.3. Schritt 5: Weitblick - Ziele

Vision/Leitbild:

Matthias Müller Media ist eine Full-Service-Agentur für Medienplanung und -gestaltung. Dabei bietet Matthias Müller Media seinen Kunden alles für den perfekten Außenauftritt aus einer Hand – von der Visitenkarte bis zur eigenen Website.

Oberziele:

Erweiterung des eigenen Produktportfolios um die Erstellung von Kundenwebsites.

Umsatzsteigerung durch das erweiterte Angebot.

Finden eines externen Mitarbeiters/Partners für die Webseitenerstellung.

4.4. Schritt 6: Durchblick - Maßnahmenplan

Zuerst benötige ich einen Internetspezialisten, der mir das Basiswissen im Bereich der Webseitenerstellung vermittelt. Dieser Spezialist kann unter Umständen auch für eine externe Mitarbeit/Partnerschaft infrage kommen. Alternativ muss nach einem anderen externen Mitarbeiter (vorzugsweise mit der Möglichkeit zum persönlichen Kontakt) Ausschau gehalten werden.

Anschließend sollte ermittelt werden, welcher Digitalisierungsbedarf bei den Kunden besteht. Darauf aufbauend kann die Dienstleistung konkretisiert werden. Hier sollte genau beschrieben werden, welche Leistungen der externe Mitarbeiter liefern kann/soll (z.B. SEO/SEA).

Sobald die neu angebotene Dienstleistung konkretisiert und ein entsprechender Mitarbeiter gefunden ist, können erste Pilotkunden ausfindig gemacht werden. Hier kann das neue Angebot sowie die Arbeitsweise des neuen Mitarbeiters auf die Probe gestellt werden. Im Rahmen dieses Pilotkundenprojekts soll eine Kundenbefragung stattfinden. Anhand der Ergebnisse dieser Kundenbefragung können die bisherigen sowie neu entstandenen Prozesse überdacht und im Bedarfsfall überarbeitet werden.

4.5.   Schritt 7: Prüfblick - Monitoring

Da ich als Einzelunternehmer auftrete, liegt die Verantwortung für die entsprechenden Aufgaben bei mir.

Aufgabe:

Strategie überprüfen	(Deadline: 01.12.2017)
Spezialisten finden und Basiswissen sammeln	(Deadline: 01.01.2018)
Digitalisierungsbedarf der Kunden ermitteln	(Deadline: 01.02.2018)
Konkretisierung der Dienstleistung	(Deadline: 01.03.2018)
Mitarbeitersuche	(Deadline: 01.05.2018)
Kundenfragebogen entwickeln	(Deadline: 01.05.2018)
Pilotkunden finden	(Deadline: 01.06.2018)
Kundenfragebogen auswerten	(Deadline: 01.08.2018)
Prozesse anpassen und überarbeiten	(Deadline: dauerhaft)

5. Fazit

Das Management Canvas von Anthony Holtz verbindet bereits bekannte Management Tools in einer klar strukturierten Übersicht und bietet dem Anwender auf diese Weise eine leicht verständliche, aber doch sehr detaillierte Planungsgrundlage zur Realisierung von Zielen.

Unternehmer brauchen stets einen schnellen und klar strukturierten Gesamtüberblick. Da dieser in der heutigen, sehr schnelllebigen Zeit und im laufenden Alltagsgeschäft nicht immer leichtfällt, dient das Management Canvas als einfacher Werkzeugkasten, der den Managementprozess klar strukturiert und veranschaulicht.

Genau hier liegt auch der Hauptvorteil dieses Management Tools – durch den grafischen Überblick auf nur einer Seite werden komplexe Vorgänge und Zusammenhänge sichtbar und verständlich. Diese einfache Darstellungsform soll es daher auch Personen ohne wirtschaftliche bzw. Management-Vorkenntnisse ermöglichen, einen strukturierten Überblick über ihr Unternehmen zu erhalten und gezielt zu managen.

Einen weiteren großen Vorteil sehe ich in der Anwendbarkeit des Modells. Es ist sowohl während der Gründung, des laufenden Betriebs oder bei Umstrukturierungsmaßnahmen nutzbar. Je nach gewünschtem Detaillierungsgrad hat der Anwender die Möglichkeit, sich frei Gedanken zu den einzelnen Bausteinen zu machen und das Tool als eine Art Mindmap zu nutzen. Alternativ können jedoch auch weitere, bereits etablierte Management Tools, wie beispielsweise eine P.E.S.T.E.L.-Analyse, Porters Five Forces oder die Sieben-P des Marketings zur Anwendung kommen, um einen sehr detailtreue Überblick zu erhalten. Somit ist es dem Anwender möglich, sehr frei und individuell mit diesem Tool zu arbeiten.

Wie auch beim sehr weit verbreiteten Business Model Canvas liegt das Erfolgsgeheimnis des Management Canvas wohl klar in der anschaulichen Darstellungsform. Das Management Canvas versucht dabei jedoch nicht das Business Model Canvas zu ersetzten, sondern bildet vielmehr den nächsten Schritt während, bzw. nach der Nutzung des Business Model Canvas ab.

Während sich das Business Model Canvas mit Kernfragen zur Erklärung von Geschäftsmodellen beschäftigt, konzentriert sich das Management Canvas auf den Management-Prozess (vgl. Holtz et al., 2017, Kindle-Pos. 1463).

Wer beispielsweise sein Geschäftsmodell strukturieren und veranschaulichen möchte, nutzt das Business Model Canvas. Die daran angeschlossenen, bzw. darauf aufbauenden Managementaufgaben hingegen, können mit dem Management Canvas übersichtlich strukturiert und abgearbeitet werden. Somit lässt sich feststellen, dass sich diese beiden Modelle gegenseitig ergänzen und nicht substituieren.

Ein Kritikpunkt, der besonders während der praktischen Auseinandersetzung mit dem Management Canvas Modell festzustellen war, ist die Tatsache, dass es sich sehr schwierig gestaltet das gesamte Modell alleine abzuarbeiten. Hier fehlen oft weitere kreative Ideen und andere Betrachtungsweisen. Daher empfiehlt es sich, das Modell im Plenum mit anderen Personen, Mitarbeitern etc. zu bearbeiten. Auf diesen Punkt wird jedoch auch im Buch zum Management Canvas mehrfach hingewiesen.

Aufgrund der zuvor erarbeiteten Inhalte sowie der weiteren, intensiven Auseinandersetzung mit der Thematik lässt sich festhalten, dass das Management Canvas dem Anspruch eines All-In-One-Werkzeugkastens zur Veranschaulichung des Management-Prozesses sowie der strategischen Planung eines Unternehmens gerecht werden kann. So wird es dem Anwender, auch ohne besondere Wirtschafts- oder Management-Kenntnisse, mithilfe des Management Canvas möglich, sich den Alltagsaufgaben zu widmen ohne dabei den Blick für das große Ganze zu verlieren.

6. Quellen

Darwin, C. (1809): *Zitate von Charles Darwin.* Online unter:
https://myzitate.de/charles-darwin/ (zuletzt abgerufen am: 12.11.2017)

Holtz, A. (2017): *Management Canvas: das All-in-One-Werkzeug.* Online unter:
https://www.starting-up.de/gruenden.html (zuletzt abgerufen am: 12.11.2017)

Holtz, A. (Hrsg.), Andersen, T., Bärwalde, M., Blank, P., Bolte, M., Jurisch, S., Kania,
J., Meder, R., Moos, A., Rau, D., Schweickardt, M. & Weigel, S. (2017): *Das
Management Canvas* (Kindle E-Book, Beta-Vollversion 2.1). Berlin: Kindle-Version.

Managament Canvas (2017): *Management Canvas – Einfach. Richtig. Managen. //
#1 Einführung.* Online unter:
https://de.slideshare.net/ManagementCanvas/management-canvas-einfach-richtig-
managen-1-einfhrung (zuletzt abgerufen am: 12.11.2017)

managemantcanvas.de (2017): *Lead Autoren.* Online unter:
http://managementcanvas.de/#authors (zuletzt abgerufen am: 12.11.2017)

Springer Gabler Verlag (2017): *SWOT-Analyse.* In: Springer Gabler Verlag (Hrsg.):
Gabler Wirtschaftslexikon. Online unter:
http://wirtschaftslexikon.gabler.de/Archiv/326727/swot-analyse-v3.html (zuletzt
abgerufen am: 12.11.2017)

Das MANAGEMENT Canvas
Einfach. Richtig. Managen.

Entwurf für: Entwurf von: Datum: Version:

2 | Gelegenheiten (Ausblick)
Positive, externe Einflussfaktoren?

- Hohe Nachfrage Webseiten
- Trend Internetpräsenz
- Cross-Selling Potential

1 | Gefahren (Ausblick)
Negative, externe Einflussfaktoren?

- Kosten/Aufwand werden unterschätzt
- Wettbewerber: „Baukasten", Großagenturen & Ein-Mann-Betriebe

5 | Ziele (Weitblick)
Welche Vorhaben leiten sich durch wechselseitiges Betrachten der Bausteine eins bis vier ab?

Matthias Müller Media ist eine Full-Service-Agentur für Medienplanung und -gestaltung. Dabei bietet Matthias Müller Media seinen Kunden alles für den perfekten Außenauftritt aus einer Hand – von der Visitenkarte bis zur eigenen Website.

- Erweiterung Produktportfolio
- Neuer Mitarbeiter/Partner

4 | Stärken (Einblick)
Positive, interne Einflussfaktoren?

- Stammkunden
- Finanzen
- Lokales Netzwerk
- Alles aus einer Hand

3 | Schwächen (Einblick)
Negative, interne Einflussfaktoren?

- Know-How: Webseiten Programmierung
- Zeitfaktor
- Angebots-Portfolio

6 | Maßnahmenplan (Durchblick)
Welche konkreten Aktivitäten müssen unternommen werden um die Ziele zu erreichen?

- Herangehensweise prüfen
- Digitalisierungsbedarf der Kunden klären
- Spezialisten finden
- Pilotkunden finden
- Dienstleistung konkretisieren
- Fragebogen
- Prozesse überdenken

7 | Monitoring (Prüfblick)
Vorgabe, Messzahl | Verantwortliche/r | Wann erledigt?

- Strategie überprüfen (Deadline: 01.12.2017)
- Spezialisten finden und Basiswissen sammeln (Deadline: 01.01.2018)
- Digitalisierungsbedarf der Kunden ermitteln (Deadline: 01.02.2018)
- Konkretisierung der Dienstleistung (Deadline: 01.03.2018)
- Mitarbeitersuche (Deadline: 01.04.2018)
- Kundenfragebogen entwickeln (Deadline: 01.05.2018)
- Pilotkunden finden (Deadline: 01.06.2018)
- Kundenfragebogen auswerten (Deadline: 01.08.2018)

Fragen, Hinweise, Erklärungen und Herunterladen des Management Canvas Posters pdf auf YouTube https://goo.gl/xkGo6Q oder info@AnthonyHoltz.de